Schul-Geschichten mit Peppa Pig

CARLSEN

Ich bin Peppa Wutz.
Das ist mein kleiner Bruder Schorsch.

Das ist Mama Wutz.
Und das ist Papa Wutz.

Inhalt

Schakka Lakka Bumm

Peppa und ihre Freunde warten
auf die Lehrerin.
„Guten Morgen, Kinder!“,
sagt Madame Gazelle.
„Guten Morgen, Madame Gazelle!“,
sagen die Kinder.
„Heute lernt ihr etwas über
Instrumente“, sagt Madame Gazelle.

„Instrumente, mit denen ihr schlagt.
Instrumente, mit denen ihr rasselt.
Instrumente, mit denen ihr trommelt.“

HURRA!

Das ist der Musikraum.
Jedes Kind nimmt ein Instrument.

Peppa hat die Trommel.
Luisa hat die Becken.
Pedro hat ein Tamburin.

„Ich hab Trommeln“, sagt Klausi Kläff.

„Die heißen Bongos“,

sagt Madame Gazelle.

„Man trommelt mit den Händen drauf.“

BUMM!

BUMM!

„Ich hab eine flache
Bongo-Trommel“, sagt Luzie Locke.
„Sie kommt aus Irland“, sagt
Madame Gazelle.
Man schlägt diese Trommel
mit einem kleinen Stock.

„Ich habe ein Tamburin“, sagt Pedro Pony.
Pedro trommelt auf das Tamburin.

„Sehr gut, Pedro", sagt Madame Gazelle.
„Du kannst es auch schütteln."
Madame Gazelle schüttelt das Tamburin.
„Ooooh!" Die Kinder staunen.

Peppa hat eine große Trommel.

Die Trommel heißt Bass-Trommel.

„Ich weiß nicht, wie meins heißt“, sagt Molly, die Katze.
„Aber es ist kratzig.“

„Das Instrument heißt Guiro“,
sagt Madame Gazelle.
Das spricht man „Gu-i-ro“.
Der Guiro kommt aus Südamerika.
„Boah!“ Die Kinder staunen.

„Aber wie kommt er hierher?“,
fragt Pedro.
Madame Gazelle lacht.
Sie hat den Guiro aus
dem Urlaub mitgebracht.

„Und wie heißen die?“, fragt Zoe Zebra.

Sie schüttelt ihre Instrumente.

Sie hören sich an wie Rasseln.

Das sind Maracas.
Madame Gazelle hat die Maracas auch aus dem Urlaub mitgebracht.
Aus Spanien.

Freddie Fuchs hat eine Triangel.

Er schlägt mit einem Stab dagegen.

Das hört sich schön an!

„Und wie heißen die?“, fragt Emily.
„Das sind Kastagnetten“,
sagt Madame Gazelle.
Das spricht man „Kastanjetten“.
Sie klappert mit den Kastagnetten.
Sie springt in die Luft.

„Muss ich auch so tanzen?“, fragt Emily.

„Nein“, sagt Madame Gazelle.

„Mach einfach das Geräusch.“

Luisa hat sich die Becken ausgesucht.

Sie schlägt die Becken aneinander.

Jeder weiß nun,
wie sein Instrument klingt.
„Jetzt alle zusammen“, sagt
Madame Gazelle.
Die Kinder legen los.
Es ist fürchterlich.

„Halt! Stopp!“, ruft Madame Gazelle.
„Das ist nur Krach!“
Man muss im gleichen Takt sein.
Auf die anderen Instrumente hören.

Die Kinder üben ohne Instrumente.
Sie klatschen im Takt.
Wer im Takt klatschen kann,
kann auch Musik machen.

Die Eltern kommen zum Abholen.

Sie kommen gerade richtig.

„Darf ich vorstellen?“, sagt

Madame Gazelle. „Das

Schakka-Lakka-Bumm-Orchester!“

Die Kinder schlagen.
Die Kinder rasseln.
Die Kinder trommeln.
„Bravo!“ Die Eltern sind begeistert.

Jetzt machen die Eltern sogar mit.

Was für ein tolles Schakka-Lakka-Bumm!

Basketball

Peppa und die anderen Kinder
sind auf dem Sportplatz.
Da kommt Madame Gazelle.
Sie hat eine Trillerpfeife.
Und ein Netz mit Bällen.

„Kinder“, sagt Madame Gazelle.
„Heute haben wir einen Gast.
Er spielt mit euch Basketball.“
„Oooooh!“ Die Kinder staunen.

„Hallo!“

Da kommt Papa Wutz.

„Papa“, sagt Peppa.

„Es ist noch nicht Abholzeit.“

„Zu uns kommt heute ein Lehrer für Basketball“, sagt Luzie Locke.

Papa lacht. „Das bin ich!“

Papa Wutz ist der Basketball-Lehrer!

Papa Wutz nimmt den Ball.

Er dreht ihn – auf dem Finger!

Klasse!

„Gut gemacht, Papa“, sagt Peppa.

„Peppa, nenn mich Coach!“, sagt Papa.
Einen Basketball-Lehrer nennt
man „Coach“.
Das spricht man „Koutsch“.
„Okay, Papa Coach“, sagt Peppa.

„Kann einer von euch Basketball spielen?“, fragt Papa.

„Nö!“ Die Kinder lachen.

„Es macht Spaß!“, sagt Papa Coach.

Papa Coach sagt:
„Ihr müsst rennen.
Den Ball dribbeln.
Und in den Korb werfen.“

„Baby-eier-leicht“, sagt Freddy Fuchs.

Wirklich?

Freddy wirft neben den Korb.

Oha.

Klausi Kläff spielt den Ball.
Aber mit den Füßen.
„Nein, nicht mit den Füßen!“,
sagt Papa Coach.
„Das ist Fußball.“
Klausi Kläff mag Fußball.

Beim Basketball dribbelt man
den Ball mit den Händen.
Alle üben, den Ball zu dribbeln.

„Jetzt zeige ich euch Angreifen“,
sagt Papa Coach.
Schorsch soll Papa den Ball wegnehmen.
Das macht Schorsch.
Ui! Das ging schnell!
Schorsch ist gut im Angreifen.

„Machen wir ein Spiel zum Üben“,
sagt Papa Coach.
Mädchen gegen Jungs!
Die Jungs sind das eine Team.
Die Mädchen sind das andere Team.

Papa Coach bläst in seine Pfeife:

Emily Elefant hat einen langen Rüssel.
„Das ist ungerecht“, sagt Peppa.
„Pssst“, sagt Luzie. „Sie ist in unserem Team.“
„Ach ja“, sagt Peppa.
„Es ist doch gerecht.“

„Es ist ungerecht“, sagt Klausi Kläff.
Die Jungs wollen Emily in ihrem Team.
Die Mädchen wollen Emily auch
in ihrem Team.

„Nicht streiten!“, sagt Papa Coach.
„Ihr könnt alle in dasselbe Team.“
Aber gegen wen spielen die Kinder?

Da kommen die Eltern.
Sie holen die Kinder ab.
Papa Coach hat eine Idee.
„Ihr spielt gegen die Eltern“, sagt er.

„Die sind viel größer als wir“,
sagt Pedro Pony.
Papa Coach lacht.
„Aber ihr habt mit Papa Coach geübt!“

„Ja!“, rufen die Kinder.

Das ist das Kinder-Team.

„Wir sind bereit“, sagt Peppa.

Das ist das Eltern-Team.
„Ich bin ziemlich gut im Tennis“,
sagt Herr Löffel.
„Schön“, sagt Papa Coach.
„Aber wir spielen Basketball.“

„Du musst den Ball in den Korb werfen“, sagt Peppa.

„Du darfst nur deine Hände benutzen“, sagt Luzie.

„Oder deinen Rüssel“, sagt Emily.

„Aber nicht deine Füße“, sagt Pedro.

Es geht los.

Herr Elefant ist am Ball.

Angriff von Schorsch.

Pass zu Zoe Zebra.

Weiter zu Linus Löffel.

Und Peppa wirft den Ball in den Korb.

Hurra!

Das Kinder-Team hat gewonnen!

Und alles nur dank Papa Coach.

HURRA!

MIX
Papier | Fördert gute Waldnutzung
FSC® C002795

Unser Versprechen für mehr Nachhaltigkeit
- Klimaneutrales Produkt
- Farben auf pflanzlicher Basis
- Papiere aus nachhaltigen und kontrollierten Quellen
- Hergestellt in Europa

Die deutschsprachige Ausgabe erscheint in der Carlsen Verlag GmbH,
Völckersstr. 14-20, 22765 Hamburg
Text: Steffi Korda, Büro für Kinder- und Erwachsenenliteratur, Hamburg
Lektorat: Nora De Lon, Carla Felgentreff
Gestaltung und Satz: Anja Krapat, Berlin
ISBN 978-3-551-69037-1
Carlsen-Newsletter: Tolle Lesetipps kostenlos per E-Mail!
Unsere Bücher gibt es überall im Buchhandel und auf carlsen.de.